Lt 49.366.

AF322248

OBSERVATIONS

SUR LE PRINCIPE

DU DROIT D'AINESSE

ET SUR SON APPLICATION

AUX FAMILLES ÉLECTORALES,

PAR M. COTTU,

CONSEILLER A LA COUR ROYALE DE PARIS.

Paris,

CH. GOSSELIN, rue Saint-Germain-des-Prés, n° 9;
PONTHIEU,
DELAUNAY, } Palais-Royal, galeries de bois;
LADVOCAT,
N. PICHARD, quai Conti, n° 5.

M DCCC XXVI.

OBSERVATIONS

SUR LE PRINCIPE

DU DROIT D'AINESSE.

OUVRAGES DU MÊME AUTEUR.

De l'Administration de la Justice Criminelle en Angleterre et de
l'Esprit du Gouvernement anglais, seconde édition, revue et
corrigée, un volume in-8°.   5 fr.

Réflexions sur l'État actuel du Jury; de la Liberté Individuelle,
et des Prisons, un volume in-8°. (Cet ouvrage est épuisé.)

OBSERVATIONS

SUR LE PRINCIPE

DU DROIT D'AINESSE

ET SUR SON APPLICATION

AUX FAMILLES ÉLECTORALES.

PAR M. COTTU,

CONSEILLER A LA COUR ROYALE DE PARIS.

Paris,

IMPRIMERIE DE COSSON,

RUE SAINT-GERMAIN-DES PRÉS, N° 9.

M. DCCC. XXVI.

PRÉFACE.

LE titre placé en tête de ces observations indique assez dans quel but elles ont été écrites. Mon dessein n'est pas d'examiner la loi proposée sous le rapport de sa rédaction ni des modifications dont elle pourrait être susceptible; j'abandonne ce soin à la sagesse de ceux que leurs hautes fonctions appellent à le remplir. J'ai cru ne devoir faire porter mes remarques que sur le principe même de la loi; parce que, dans une matière de cette nature, c'est moins les jurisconsultes qu'il est important de convaincre, que les citoyens eux-mêmes. Je n'ignore pas les préventions que je dois rencontrer, et la défaveur que j'attache peut-

être à mon nom ; mais quelles erreurs po-
pulaires pourraient jamais être détruites, si
l'amour de la vérité, comme celui de la
patrie, n'inspirait aussi le courage de se
dévouer pour ?elle ?

OBSERVATIONS

SUR LE PRINCIPE

DU DROIT D'AINESSE.

S'il est un principe certain, et que l'on devait croire désormais hors de toute contestation, c'est que le droit de succéder ne prend pas sa source dans le droit naturel, mais qu'il dérive uniquement du droit politique.

Le droit de succéder n'est pas nécessaire à la conservation de l'homme. Premier objet des conventions sociales, c'est la volonté seule du législateur qui l'a établi, et il l'a fait, dans l'intérêt particulier de la communauté, et non dans celui des familles qu'il a appelées à l'exercer. C'est parce qu'il était important d'encourager, dans chaque citoyen, le développement entier de son industrie; de prolonger le plus long-temps possible son ardeur pour le travail; et de fournir à son activité un aliment toujours nouveau, que la société lui a reconnu le droit de laisser à ses enfans les biens acquis par son labeur; autrement elle aurait pu disposer de ces mêmes biens de toute autre manière, et ordonner, par exemple, qu'au décès de chaque citoyen les biens qu'il possédait seraient réunis au domaine de l'état, pour être ensuite répartis également entre tous ses membres. Ce mode de succéder eût même été l'application la plus exacte des véritables principes du droit naturel.

C'est encore par le même intérêt de sa prospérité que la société a dû se diriger lorsqu'après avoir admis le droit de succéder, il s'est agi d'en régler l'exercice. Le législateur connaissait trop bien l'influence que la propriété devait avoir sur le maintien de l'ordre public, pour l'abandonner au hasard, et la laisser s'égarer peut-être dans une direction opposée aux intérêts de l'état. Il a donc dû porter une attention particulière sur le nouveau droit de propriété qu'il venait de consacrer, et choisir par conséquent le mode de succéder le plus propre à favoriser la marche du gouvernement établi et le plus conforme à ses principes.

Ainsi l'on ne doit pas chercher dans un ordre de succession une perfection positive, et qui résulterait de ce qu'il serait en harmonie avec la tendresse égale que les pères portent à leurs enfans ou avec toute autre considération de

cette espèce. Construire sur de pareilles bases
un système de succession, ce serait replacer le
droit de succéder dans le droit naturel, et
perdre entièrement de vue l'objet, le grand
objet pour lequel il a été institué. La perfection
d'une loi de ce genre n'est jamais que relative, et
consiste uniquement dans son exacte concor-
dance avec la loi politique.

Sans doute le législateur doit s'abstenir avec le
plus grand soin de heurter les sentimens et de restreindre les droits que l'homme tient de la nature ;
mais si les avantages de l'état social ne peuvent
être obtenus que par le sacrifice de quelques-uns
de nos sentimens, ou de nos droits naturels,
peut-on regarder comme *tyranniques ou immo-
rales* les lois qui règlent l'étendue de ces sacrifices ? Qui a jamais osé donner cette qualification
impie aux lois sur la propriété et sur le mariage ? Pourquoi donc en serait-il autrement
de celles qui déterminent le mode de succéder ?
Si la société, en retour du bonheur qu'elle a créé
aux époux par l'établissement du mariage, a pu
exiger de chacun d'eux qu'il concentrât son
amour sur un seul objet, pourquoi, lorsqu'elle
a donné aux parens l'inexprimable consolation
de laisser à leurs enfans le fruit de leurs tra-
vaux et de leurs économies, n'aurait-elle pas le
droit de leur demander aussi le sacrifice des vœux

qu'ils pourraient former pour un partage égal?

La question que nous avons à examiner n'est donc point de savoir si le système du droit d'aînesse est meilleur en soi que le système de l'égalité des partages ; mais s'il est plus propre à consolider les institutions qui nous régissent, et à en favoriser le développement.

Voilà le véritable point de vue sous lequel nous devons considérer la loi proposée, puisqu'elle ne peut être utile et convenable qu'autant qu'elle sera destinée à atteindre le but que je viens d'indiquer : que si l'on apporte au contraire dans l'examen de la loi un esprit mécontent des institutions établies, la discussion s'engagera alors sur un terrain qui n'est plus celui de la loi ; et, par un renversement de toutes les idées, ce seront les dispositions du projet les plus conformes aux principes de la Charte, et non pas celles qui paraîtraient s'en écarter, qui seront attaquées avec le plus de violence.

Cherchons donc franchement quels sont les besoins de notre nouveau gouvernement, et quel secours il doit attendre d'une loi sur les successions.

Nous vivons sous un gouvernement constitutionnel, c'est-à-dire sous un gouvernement où la nation, au moyen de députés qu'elle choisit d'après un mode déterminé, participe à la formation de la loi, à l'établissement de l'impôt, à la fixation et au règlement de toutes les dépenses publiques, et, de plus, est investie du droit de dénoncer et de poursuivre les ministres qui lui paraissent trahir les intérêts de l'Etat.

Dans un pareil système de gouvernement, et quoique la puissance législative ne réside pas exclusivement dans la chambre des députés, mais qu'il soit dit qu'elle s'exerce collectivement par le Roi, la chambre des pairs et celle des députés, l'on ne peut cependant s'empêcher de reconnaître que, de ces trois parties du pouvoir souverain, la chambre des députés, bien que la dernière dans l'ordre des rangs, ne soit incomparablement la première dans l'ordre de la puissance, et qu'elle n'exerce, sur la nation, l'influence la plus immédiate.

La stabilité du gouvernement et des institutions sur lesquelles il repose, dépend donc principalement de l'opinion politique qui devra se former et se maintenir dans la chambre des députés.

Si le mode d'élection qui aura été établi ne doit y amener que des opinions monarchiques, le trône trouvera dans la chambre un appui inébranlable ; si ce même mode au contraire ne doit y amener que des opinions républicaines, le trône aura bien de la peine à se soutenir contre les attaques réitérées de là chambre des députés.

Cette vérité une fois admise, voyons où sont les opinions monarchiques et les opinions républicaines.

Ne nous faisons point illusion ; le prestige qui environnait la royauté est détruit sans retour. Il a commencé à s'affaiblir du jour où les rois, après s'être servis des peuples pour briser la noblesse, ont ensuite séparé leurs intérêts de ceux de leurs peuples, et n'ont plus songé qu'à se créer, sur les débris de toutes les franchises nationales, un pouvoir absolu. Ce prestige enfin s'est entièrement évanoui lorsque le respect attaché à là naissance a disparu devant l'éclat du mérite personnel, et lorsque la gloire des guerriers plébéiens, portée jusqu'aux extrémités du monde, a laissé si loin derrière elle la renommée des plus illustres chévaliers.

Il ne faut plus compter sur la fidélité passionnée des peuples pour défendre le trône en cas de danger. Le temps de l'enthousiasme est passé; les pensées de dévouement et d'amour ont cédé la place au calcul, et l'intérêt est aujourd'hui le seul mobile de toutes les actions.

Si donc il est vrai de dire qu'une partie dés institutions créées par la Charte, et les plus importantes peut-être, loin d'être placées dans l'esprit des peuples comme nécessaires à leur prospérité, sont considérées par une classe nombreuse de citoyens comme un obstacle au développement complet de leurs facultés et à l'exercice de leurs droits naturels ; ne sera-t-il pas permis de concevoir les plus vives alarmes sur le sort de la monarchie, pour le cas où cette classe de citoyens parviendrait un jour à se rendre maîtresse des élections ?

Maintenant, qui contesterait que la classe de citoyens la plus imbue des opinions que je viens de signaler ne soit celle des petits propriétaires?

Exclus, par le fait, de toutes les faveurs du prince, n'ayant d'autre avantage à recueillir du gouvernement que celui du maintien de l'ordre public, avantage que leur offrirait toute autre espèce de constitution politique, n'est-il pas naturel qu'ils soient plus vivement blessés que les autres des priviléges particuliers conservés ou institués par la Charte, et qu'ils aspirent en secret à les faire disparaître? Ne doivent-ils pas être plus facilement accessibles à l'opinion que le meilleur gouvernement est celui qui s'établit et se maintient à meilleur marché, et qui s'écarte le moins de l'égalité naturelle ? n'est-ce pas sur eux enfin que l'exemple de ce qui se passe en Amérique doit produire la plus profonde impression ?

Si telles sont, non-seulement en France, mais chez toutes les nations én général, les dispositions de là classe inférieure des propriétaires, n'y aurait-il pas une extrême imprudence à leur remettre, sans aucun contre-poids, un pouvoir aussi redoutable que le pouvoir électoral ; et si ce pouvoir leur a été effectivement remis par les dispositions particulières de la constitution du pays, le devoir le plus pressant du législateur n'est-il pas de leur créer un intérêt personnel au maintien de cette constitution, ou de leur donner au moins des guides qui puissent les diriger dans l'exercice de leurs droits ?

L'établissement d'un préciput en faveur de l'aîné dans les cas énoncés au projet de loi, c'est-à-dire dans toute succession payant trois cents francs d'impôt foncier, est le moyen le plus propre à atteindre le but que je viens d'indiquer et à changer en un esprit d'union avec le gouvernement l'esprit de jalousie et d'indépendance qui anime généralement les petits propriétaires.

L'effet naturel du droit d'aînesse est de maintenir les biens dans les familles, et de leur constituer une position sociale qui leur inspire un sentiment de reconnaissance pour le gouvernement auquel ils doivent ce bienfait ; et, comme l'effet de la loi proposée sera de faire participer à cet avantage toutes les familles qui jouissent aujourd'hui des droits électoraux, cette reconnaissance, autrefois renfermée dans le cercle étroit des familles nobles, s'étendra à l'avenir jusqu'aux plus extrêmes limites de la bourgeoisie.

Les héritages ne seront plus désormais vendus à la mort du père de famille, et dépecés à l'infini entre ses enfans et ses descendans. L'aîné, appelé à devenir propriétaire de la moitié des biens de la famille, trouvera les moyens, avec sa part dans le mobilier jointe à la dot de sa femme, d'acheter de ses frères la seconde moitié des immeubles, et de demeurer ainsi propriétaire de la totalité du domaine paternel. Ce domaine lui deviendra d'autant plus précieux qu'il liera pour lui le passé à l'avenir; et les doux souvenirs qu'il lui rappellera lui feront désirer qu'il puisse former un jour la portion héréditaire de son fils aîné, qui, imbu des mêmes sentimens, préparera au sien les mêmes avantages et par conséquent, la même opinion. Ainsi les colléges électoraux se rempliront désormais d'aînés de famille, placés dans une position de fortune et dans un rang politique qu'ils devront entièrement à la forme particulière du gouvernement actuel, et qui les attachera par conséquent à ses intérêts et les portera à faire tomber leurs choix sur des citoyens dévoués au même système politique.

.Màis ce n'est encore là que le moindre des avantages de l'établissement du droit d'aînesse. Le résultat le plus important qu'il produira sera de former des influences locales qui devront agir, par des motifs puisés dans un autre ordre, d'intérêt, sur ceux des électeurs dont l'esprit, pétri des vaines illusions d'une égalité impossible, ne serait point accessible aux considérations que je viens d'exposer.

C'est ici le moment d'expliquer les ressorts secrets du gouvernement représentatif.

Dans tous les pays policés, de quelque façon que l'on colore l'accès à la puissance publique, la direction des affaires doit toujours appartenir aux riches; sous peine d'un bouleversement général. Mettez les pauvres à la tête des affaires, et il arrivera ce qui est arrivé en 93, et ce qui allait arriver en Angleterre en 1648, sans l'usurpation de Cromwell; ils s'efforceront de renverser tous les droits acquis, et de faire une nouvelle distribution des richesses et des dignités. Il n'y a que ceux qui tiennent leurs avantages sociaux du gouvernement *lors existant* qui y soient sincèrement attachés; les autres se soumettent forcément à l'ordre qu'ils trouvent établi, toujours disposés à accueillir tout changement qui leur promettrait une meilleure condition. Il faut donc, quel que soit le mode d'arriver au pouvoir, qu'il n'y ait en effet que les riches qui puissent y parvenir (*).

Ainsi, lorsque, dans un Etat , la puissance législative réside presque exclusivement dans une chambre dont les membres doivent être choisis par une certaine classe d'électeurs , il faut, comme condition essentielle de l'existence de cet Etat, ou que cette classe d'électeurs soit elle-même exclusivement composée de riches ou de privilégiés; ou bien qu'elle soit placée sous l'influence des riches ou des privilégiés. Ces vérités ne se disent pas aux peuples ; mais on ne les gouverne qu'en les mettant en pratique.

Tel est le résultat que doivent produire les influences locales créées par l'exercice du droit d'aînesse.

Il ne faut pas croire en effet que la richesse, toute nue , suffise pour attirer la considération du pauvre; il faut encore que la propriété se cache dans la nuit des temps, et que son origine

____

(*) Il est inutile d'avertir que cette proposition ne doit être entendue que dans un sens général. La carrière des emplois et des honneurs est aujourd'hui ouverte à tous les talens, et c'est un des premiers bienfaits de notre nouveau gouvernement.

inconnue se présente à l'imagination avec le charme particulier qui s'attache à tout ce qui est mystérieux. Une fortune, que l'on voit croître et s'élever rapidement, excite plus souvent l'envie que le respect; lorsque le pauvre est chaque jour frappé par le bruit du bouleversement des fortunes particulières, tout sentiment de subordination et de déférence s'émousse dans son cœur ; et le monde ne lui paraît qu'une grande loterie aux chances de laquelle chaque individu est également appelé ; de sorte qu'il ne voit plus dans la diversité des conditions que la différence momentanée qui existe dans le sort des joueurs, heureux ou malheureux.

A quel titre un nouveau riche prétendrait-il exercer quelqu'influence sur un voisin placé hier au même niveau que lui dans l'ordre social ? Quelle habitude de déférence ce voisin a-t-il contractée envers lui ? Que lui doit-il ? que lui doivent ses pères ?

Combien, au contraire, les sollicitations du riche font sur ses voisins une impression profonde, lorsque ceux-ci ont été élevés dans la reconnaissance des obligations qu'ils ont à sa famille ; lorsqu'ils voient en lui le descendant de leurs bienfaiteurs ; lorsqu'enfin ses lumières, sa politesse, son rang et l'appui qu'il peut leur offrir les invitent sans cesse à s'abandonner à ses conseils et à sa direction !

Mais ce n'est point assez d'avoir montré le secours que le gouvernement peut retirer de l'établissement du droit d'aînesse ; il faut encore faire sentir combien il est favorable à ce principe d'égalité qui est la passion dominante du siècle.

Cette passion est insatiable de nivellement. Le rapprochement des diverses conditions également distinguées par l'élégance de leurs mœurs; la carrière des emplois et des honneurs ouverte à tous les talens; tout cela ne suffit pas encore aux exigences de la vanité des classes intermédiaires; et, toutefois, par un aveuglement inconcevable, elles se refusent à acquérir ce par où seul la noblesse s'élève encore au-dessus des autres conditions sociales. Comment des grandes familles se sont-elles maintenues jusqu'à nos jours dans le rang qu'une circonstance heureuse leur a fait conquérir à une telle époque? N'est-ce pas en attachant à leurs noms de grandes propriétés territoriales? Que seraient-elles devenues sans l'exercice du droit d'aînesse? Qui sait à quel degré d'abaissement elles seraient peut-être descendues?

Au moyen de la loi nouvelle, les avantages de l'ancienneté vont luire aussi pour les familles bourgeoises ; elles pourront à leur tour parler de leurs aïeux , de leurs vieux titres , de leurs vieilles possessions. L'éclat des services publics ne leur sera pas non plus étranger. Elles compteront aussi dans leur sein des guerriers et des magistrats ; et , de ce qui compose aujourd'hui un nom honorable , il ne leur manquera que la rouille de l'ignorance et de la barbarie.

Concluons donc que le système du droit d'aînesse est au fond favorable à la liberté et à l'égalité ; et qu'il est de plus une des nécessités du gouvernement représentatif.

On rit de ces aristocrates à trois cents francs d'impôt foncier. Mais qui parle d'en faire des comtes et des marquis ? Il s'agit de les attacher par leur intérêt particulier aux principes du gouvernement, et non d'en faire des hobereaux. Vous voulez la liberté de la presse malgré tous ses dangers , et vous la voulez avec raison , parce qu'elle est aussi une des conditions essentielles du gouvernement représentatif; mais implantez donc , comme dit Montaigne , implantez dans l'âme de vos électeurs des opinions de fer qui les prémunissent contre les théories républicaines qui seront la conséquence inévitable de cette liberté. Quand ils verront la république partout ; dans les familles, dans les institutions , dans les mœurs , ne crai-

gnez-vous pas qu'ils ne veuillent la voir aussi
dans le gouvernement ?

Vous proclamez hautement que la justice
naturelle et le bon sens doivent être désormais
la règle de toutes vos lois. Mais qu'y a-t-il de
plus contraire aux lumières ordinaires de la
raison qu'un Roi héréditaire qui, plein de bra-
voure et de génie, peut laisser sa couronne à un
lâche et à un imbécile ; qu'une certaine classe
de citoyens qui, sans aucune garantie de capacité, sont appelés par leur naissance à coopérer
à la formation des lois ; que des éligibles et des
électeurs qui puisent leurs droits politiques dans
le paiement d'un cens plus ou moins élevé? Ce
qui est naturel, c'est que les plus capables, les
plus instruits et les plus dignes soient seuls à
la tête des affaires.

Avec la justice naturelle, les théories et les
déductions de principes, on va droit à la république. Lorsque les places et les honneurs seront
le prix de la capacité, on verra combien il sera
facile de faire reconnaître à chacun la supério-
rité de son voisin !

- Si l'excellence de notre gouvernement actuel
n'est point purement et simplement une fiction
légale que l'on soit convenu de proclamer en
attendant mieux; si l'on doit la considérer au
contraire comme l'ordre de choses le plus propre

BIBLIOTHÈQUE ROYALE

à lier les temps anciens et les temps modernes, et à concilier tous les intérêts ; il faut coordonner nos institutions civiles et domestiques aux besoins de ce gouvernement.

La cause la plus fréquente des erreurs des publicistes et des jurisconsultes, c'est qu'ils ne considèrent souvent les institutions et les lois que d'une manière absolue. Toute la science de la politique et de la législation consiste dans l'appréciation des différens rapports que les choses ont entre elles. Un acte peut être bon entre deux personnes et nul envers un tiers ; et réciproquement, nul entre deux personnes et valable envers un tiers. Tel est le cas du droit d'aînesse. Qu'il soit rigoureux, injuste même, entre le père et les enfans ; qu'importe, s'il est avantageux à l'Etat, si l'Etat ne peut même subsister sans lui ?

Il était, dites-vous, inconnu chez les Romains, et n'a été introduit en France que sous la troisième race et comme une conséquence de la perpétuité des fiefs.

Je ne nie aucun de ces faits ; mais en quoi prouvent-ils contre la nécessité de l'établir aujourd'hui ?

Il n'est pas étonnant que le Sénat et ensuite les Empereurs, qui n'avaient aucun besoin, pour exercer le pouvoir, du secours des petits proprié-

taires, n'aient aucunement songé à les intéresser,
par quelque motif particulier, au maintien du
gouvernement ; mais, de même que, sous le ré-
gime féodal, l'établissement du droit d'aînesse a
été jugé nécessaire pour le service du fief, de
même, quoique par une autre raison, l'établissement du droit d'aînesse est indispensable
dans tout gouvernement où la puissance publique réside dans l'assemblée des petits propriétaires.

Je n'aime point à prédire les malheurs ; mais,
si le droit d'aînesse n'est point adopté, on peut
hardiment assurer qu'avant qu'il s'écoule un
long temps, nous verrons la République s'asseoir
encore une fois sur les ruines de la Royauté, ou
la Royauté obligée, pour sa défense, de renverser
des institutions que l'on n'aura pas voulu mettre
en harmonie avec elle.

Cette tempête imminente qui gronde d'une
manière si redoutable sur l'horizon politique
ne pourra être détournée que de deux manières
également funestes ; ou par une nouvelle loi
d'élection qui confie à une autre classe de citoyens la nomination des députés, ou bien.....
oserai-je le dire !.....par le succès d'une corruption
fortement organisée.

Oui, si le législateur ne trouve pas un moyen
naturel de lier les électeurs au maintien de la

monarchie, ou d'établir près d'eux des influences puissantes et monarchiques, la corruption, tout odieuse, tout infâme qu'elle est, deviendra pour les ministres le plus saint comme le plus impérieux des devoirs.

Parcourons maintenant les principales objections que l'on élève contre le droit d'aînesse.

Il est, dit-on, contraire à la loi naturelle.

Je ne répéterai point à cet égard ce que je crois avoir démontré plus haut, que le droit de succéder n'est point un droit que l'homme tienne de la nature. Il n'y a, dans la nature, d'autre droit que celui de la force et de la ruse ; et les biens d'un mourant, comme tous les autres biens que la terre produit, deviennent la proie du plus fort ou du plus adroit. Ils doivent donc, même encore dans cet ordre de choses, tomber plus souvent en partage à l'aîné qu'à aucun de ses frères.

Le droit d'aînesse, ajoutent encore ses adversaires, est contraire à la paix des familles.

A les entendre, le système de l'égalité des partages a porté, dans tous les rangs, un bonheur jusqu'alors inconnu. Désormais, plus de rivalités entre frères, plus d'inquiétudes pour les filles, plus de larmes secrètes versées par les mères sur le sort de leurs plus jeunes enfans ; paix générale dans toutes les familles.

Et moi, je leur dis : cette paix que vous vantez si haut est la paix du désert. L'égalité des partages a détruit l'esprit de famille ; elle a enlevé à chaque frère l'ami, le guide et le soutien que la nature lui avait donné. Le père mort, l'héritage brisé, et chaque enfant nanti de sa portion, que leur reste-t-il encore de commun ? Qu'ont-ils à se demander les uns aux autres ? A quel titre un frère malheureux viendrait-il solliciter de son frère un secours qui diminuerait sa portion héréditaire ? *Qui a chargé ce dernier de la garde de son frère ?*

Dans le système du droit d'aînesse, au contraire, la famille n'est jamais dissoute ; elle se perpétue de générations en générations avec ses biens et ses honneurs. Le père de famille, ainsi que le Roi, ne meurt jamais ; les cadets, les descendans les plus éloignés trouvent toujours en lui appui, conseil et protection. Ce n'est plus seulement à sa tendresse ou à sa pitié qu'ils peuvent faire appel ; c'est à ses devoirs envers eux, devoirs fondés sur les prérogatives mêmes dont il jouit.

Mais, dit-on, si ce système est si favorable aux intérêts des familles, pourquoi les parens font-ils si rarement usage aujourd'hui de la faculté dont le code les investit de créer un aîné ?

Qu'il faut peu connaître tout ce qui se passe dans le cœur d'un père, dans ce sanctuaire de la tendresse la plus inquiète et de la justice la plus scrupuleuse, pour trouver quelque force à une pareille objection! Lui suffit-il pour établir dans sa famille un pareil ordre de succession d'être intimement pénétré de ses avantages? Que de malheurs n'a-t-il pas à craindre si ses enfans ne partagent pas son opinion? Quelle avarice, quelles manœuvres peut-être, les cadets n'imputeront-ils pas à leur frère aîné? Quelle faiblesse, quelle injuste préférence ne reprocheront-ils pas à la mémoire de leur père!

Avec quelle sécurité, au contraire, si c'est la loi elle-même qui établit le droit d'aînesse; le père ne lui remet-il pas le sort de sa famille! Ses enfans peuvent-ils se plaindre de son respect pour la loi de son pays, et de la préférence qu'il aura donnée, sur sa propre opinion, à celle des citoyens qui auront été choisis pour régler la constitution de l'Etat?

Il y a donc témérité à assurer que le droit d'aînesse soit contraire à nos mœurs, et d'en donner pour preuve la rareté des testamens qui l'auraient établi jusqu'à ce jour. Quand un bienfait ne peut être obtenu sans de trop graves inconvéniens, il n'est point étonnant de le voir rejeté. Je conviendrai pourtant que ce droit est contraire aux préjugés actuels; mille voix s'élèvent pour le combattre; à peine deux ou trois se font entendre pour sa défense. Mais pourquoi? C'est que personne ne veut voir la question où elle est; et que l'on s'obstine, ainsi que je l'ai dit, à considérer ce privilége sous le rapport des familles, sous lequel on peut lui opposer quelques objections spécieuses, et que l'on se refuse à le considérer sous celui de l'etat, sous lequel il serait impossible de contester ses avantages.

On inquiète les pères de famille sur le sort de leurs cadets; on les effraie par le tableau de l'Angleterre et de ses prolétaires; on leur montre la France soumise à la taxe des pauvres, et couverte de couvens à défaut de colonies où les cadets puissent aller faire fortune.

Vraiment, c'est compter un peu trop sur la crédulité publique. Quand le droit d'aînesse, qui donne en Angleterre la totalité des immeubles à l'aîné de la famille, produirait dans ce pays les inconvéniens que l'on signale, est-ce une raison pour que l'on eût les mêmes malheurs à redouter en France, où l'aîné ne doit recevoir, par la loi proposée, qu'un prélèvement peu important?

Une loi qui donne *tout* peut être aussi mauvaise qu'une loi qui ne donne *rien*; mais est-ce à dire que la sagesse et la raison ne peuvent pas se trouver dans la loi qui donne *plus?*

Veut-on savoir, au reste, ce qu'est ce préciput dont on fait tant de bruit? Il constitue une simple différence pour les cadets de 1,666 fr. par chaque 10,000 fr. qui se trouvent dans la succession, lorsqu'il n'y a que deux enfans dans la famille ; de 833, lorsqu'il y en a trois ; de 625, lorsqu'il y en a quatre ; de 500 fr., lorsqu'il y en a cinq, et toujours ainsi en diminuant lorsque le nombre des enfans augmente ; au point qu'elle n'est plus que de 250 fr. lorsque la famille est composée de dix enfans.

Si l'on met maintenant ces sacrifices en balance avec les avantages qui résulteront pour les cadets de se rattacher à une famille ancienne, à un chef qu'ils pourront montrer et qui occupera dans la société un rang honorable ; ne doit-on pas être porté à croire que, loin qu'ils éprouvent en définitive aucun préjudice de ce nouvel ordre de choses, ils ne tarderont point à s'en applaudir?

A l'égard des prolétaires dont on exagère si étrangement le nombre, ceux qui connaissent l'Angleterre n'ignorent pas que cette plaie dont elle est affligée est bien moins le résultat du droit d'aînesse que du grand nombre d'enfans qui existent dans chaque famille. Il n'est pas plus rare de voir en Angleterre des familles composées de six à dix enfans qu'en France des familles de trois à cinq. Ne craignons donc ni les prolétaires, ni la taxe des pauvres, ni même les couvens, au moins pour la nécessité de nourrir les cadets.

Mais, continuent encore les adversaires du droit d'aînesse, si vous le croyez si nécessaire à l'intérêt de l'état et à celui des familles, pourquoi ne l'établissez-vous pas d'une manière absolue? Pourquoi laissez-vous aux pères de famille la liberté de le répudier? Pourquoi chercher à l'extorquer pour ainsi dire à l'incurie, à la faiblesse, et à la soudaineté de la mort? Votre hésitation et vos ruses ne prouvent-elles pas l'incertitude où vous êtes vous-mêmes sur l'utilité de ses résultats?

La réponse sera facile. Sans doute le droit d'aînesse est une chose bonne et utile en soi; mais ce qui ne l'est pas moins, c'est que le père de famille conserve sur ses enfans l'autorité qui lui appartient, et qu'il ait toujours, entre ses mains, les moyens de la faire respecter. Que serait-il dans sa maison en présence d'un enfant rebelle qui tiendrait de la loi des avantages que le juste mécontentement de son père ne pourrait lui retirer? Concevrait-on une situation plus humiliante et plus malheureuse à la fois?

A l'égard de la disposition qui concerne le cas

où le père de famille meurt sans testament,
n'est-elle pas la conséquence nécessaire de
l'utilité reconnue de la loi? Puisque le législateur
proclame le droit d'aînesse comme préférable à
tout autre système de succession, il faut bien
qu'en cas de doute sur la volonté du père de
famille, il suppose qu'il a voulu ce que, lui législateur, doit croire, à moins de renier sa foi en
lui-même, être le plus avantageux à l'Etat et au
bien-être des familles.

Enfin, et c'est le dernier argument des adversaires de la loi, ils soutiennent qu'elle est contraire à la Charte. Et pourquoi? Parce que la
Charte a dit que *tous les Français étaient égaux
devant la loi.*

Est-ce bien sérieusement que l'on présente
une pareille objection? Et depuis quand cette
disposition de la Charte a-t-elle empêché de
régler, par des lois spéciales, les droits et les
obligations des citoyens dans la situation particulière où les besoins de la société ont pu les
placer? Les négocians ne sont-ils pas régis au
civil, et les militaires au criminel, par des codes
et des juridictions qui leur sont propres? Les
enfans naturels héritent-ils comme les enfans
légitimes? Les Pairs de France, les Eligibles, les
Electeurs et le reste des citoyens ont-ils les mêmes
droits politiques? Depuis quand ces exceptions

ont-elles été considérées comme une infraction à la Charte? Pourquoi donc n'en serait-il pas de même des aînés, si l'on jugeait nécessaire d'établir aussi un privilége en leur faveur?

Lorsque la Charte a proclamé que les Français étaient égaux devant la loi, elle n'a voulu dire autre chose sinon que le législateur ne devrait jamais prendre en considération la noblesse du sang pour attribuer quelques prérogatives particulières à ceux qui prétendraient posséder cet avantage; et c'est par ce motif. que, pour éclaircir sa pensée, l'auteur de la Charte a ajouté : *quels que soient d'ailleurs leurs titres et leur rang.*

Ainsi, ceux qui se disent nobles ne doivent point à ce titre être jamais dispensés d'aucune charge publique, ni être revêtus d'aucun droit ou d'aucune autorité personnels sur un citoyen; mais la Charte n'a jamais voulu interdire l'établissement de tous les priviléges généraux qui seraient fondés sur d'autres motifs que la qualité des personnes.

Et, remarquons ici l'inconséquence véritablement incroyable des adversaires du droit d'aînesse. Ils s'appuient de l'article ci-dessus cité pour prouver que ce droit est en opposition avec l'esprit général de la Charte ; et, oubliant eux-mêmes et les termes et le sens de cet article, ils

ne craignent pas d'y porter l'atteinte la plus di-
recte en proposant de restreindre aux familles
nobles le privilége du droit d'aînesse; c'est-à-
dire, en proposant de créer une loi qui ne s'ap-
puie sur d'autre considération que celle de la
noblesse du sang.

- Restreindre à la noblesse ou à la pairie le privilége du droit d'aînesse, ce serait renoncer,
sans raison, à la plus grande partie de ses avantages; et dans ces temps d'audace et d'indépendance, où le joug de l'autorité paraît si pe-
sant; la Royauté doit rassembler toutes ses
forces, et ne se dessaisir d'aucune de ses influences.

Au reste, le droit d'aînesse n'a pas toujours
éprouvé une aussi vive résistance. Lorsque Bo-
naparte a rétabli les majorats, aucun cri de
surprise ou d'alarme ne s'est élevé contre lui.
Aussi est-il permis de présumer que c'est moins
contre le droit d'aînesse en lui-même que tant
d'efforts sont dirigés, que contre un acte que l'on
peut supposer être un retour vers le passé, d'a-
près les circonstances fâcheuses dans lesquelles
la loi est présentée.

Un vaste plan a été formé par *la plus grande
partie* du clergé pour soumettre le pouvoir civil
au pouvoir spirituel. Un des plus illustres dé-
fenseurs du trône en a dévoilé les secrets ressorts,

et ses auteurs eux-mêmes n'ont pas craint de
l'avouer depuis par le plus noble et le plus puis-
sant de leurs organes. A cette prodigieuse entre-
prise, les citoyens se sont regardés entre eux,
pouvant à peine se rassurer, par les merveilles des
arts qui les environnent, sur le siècle où ils
vivaient. Ils ont élevé leurs mains suppliantes
vers tous les pouvoirs de la société, les conjurant
de les défendre et de se défendre eux-mêmes.
La magistrature seule a entendu leurs cris. Sen-
tinelle vigilante de l'autorité royale, elle lui a
signalé le danger; et, non moins remplie de fer-
meté et de zèle que lorsqu'en présence de la
ligue elle proclamait les droits de Henri IV, elle
a donné à son Roi la plus haute preuve de dévouement qu'il pût attendre de sujets fidèles,
celle de lui dévoiler le péril d'une situation dans
quelle il aimait peut-être à rêver son repos et
la sécurité de sa couronne.

Mais les efforts isolés de la magistrature n'ont
pu calmer les alarmes des peuples. Effrayés du
bruit des chaînes qui résonnent autour d'eux, ils se
défient de tous les actes d'un ministère qui n'ose
point prendre en mains la défense de leurs libertés;
ils ont peur de tout ce qui offre la physionomie
du passé; et, parce que le droit d'aînesse existait au
temps de Grégoire VII, ils le croient encore destiné
à seconder les prétentions de la cour de Rome.

Qu'ils se rassurent cependant. De ce droit, fécond en nobles sentimens, sortira une race de citoyens dévoués aux droits des peuples comme à ceux de la Couronne, et de Chrétiens fidèles aux vieilles libertés de l'Eglise de France. En attendant cet heureux résultat, les magistrats veilleront sur les entreprises du Clergé; et le Prince dont la bonté et les grâces nous retracent Henri IV et François Ier, se souviendra aussi qu'il est fils de saint Louis.

FIN.

www.ingramcontent.com/pod-product-compliance
Lightning Source LLC
LaVergne TN
LVHW020454060726
842525LV00005B/1700